AF248329

16347

ALLIANCE DES UNIONS CHRÉTIENNES
DE JEUNES GENS DE FRANCE

GROUPE
DE LA DROME-ARDÈCHE

Une Conférence du Groupe

Prix : 0 f. 50

VALENCE
Faubourg Saint-Jacques, 12
1899

ALLIANCE DES UNIONS CHRÉTIENNES
DE JEUNES GENS DE FRANCE

UNE CONFÉRENCE

DU GROUPE

DE LA DROME-ARDÈCHE

8º R

16347

ALLIANCE DES UNIONS CHRÉTIENNES
DE JEUNES GENS DE FRANCE

GROUPE
DE LA DROME-ARDÈCHE

Une Conférence du Groupe

VALENCE
Faubourg Saint-Jacques, 12

1899

Principe et But des Unions chrétiennes

I. — Les Unions chrétiennes de Jeunes Gens de France ont pour but de réunir dans une même association les Jeunes Gens qui, regardant Jésus-Christ comme leur unique Sauveur et leur Dieu, selon les Saintes Ecritures divinement inspirées, veulent être ses disciples dans leur foi et dans leur vie, et travailler ensemble, avec le concours du Saint-Esprit, à étendre parmi les Jeunes Gens le règne de leur Maître.

II. — Elles sont fondées sur le principe de l'Alliance Evangélique.

ALLIANCE DES UNIONS CHRÉTIENNES
DE JEUNES GENS DE FRANCE

Groupe de la Drôme-Ardèche

STATUTS

Les Unions chrétiennes de Jeunes Gens de la Drôme et de l'Ardèche, persuadées que des rapports fréquents et fraternels seront pour elles une cause de prospérité, s'unissent d'une manière plus étroite en formant un Groupe qui prend le nom de *Groupe de la Drôme-Ardèche*.

ARTICLE 1er

Feront partie du Groupe, les Unions de la région qui, acceptant les statuts et règlements des Unions de France, auront demandé leur admission dans le Groupe et seront dans les conditions voulues pour être acceptées.

ARTICLE 2

Toute demande d'admission doit être adressée au Comité du Groupe.

Comité du Groupe

ARTICLE 1er

Le Comité du Groupe se compose :

1° D'une commission exécutive choisie dans la même Union par l'assemblée générale de toutes les Unions formant le Groupe ;

2° D'un représentant de chaque Union au Comité du Groupe, au titre d'assesseur.

ARTICLE 2

La commission exécutive est nommée pour un an. La même Union peut la posséder plusieurs années de suite. Elle se compose d'un président, d'un secrétaire et d'un trésorier.

ARTICLE 3

Le Comité est chargé de convoquer les assemblées générales, de faire exécuter leurs décisions, de surveiller la marche des Unions de son ressort, d'accepter ou de rejeter les demandes d'admission des Unions, d'entretenir des relations avec les autres Groupes, etc., etc.

A chaque assemblée générale, il présente un rapport d'ensemble sur sa gestion et sur l'œuvre commune.

Assemblées générales

ARTICLE 1er

Les Unions chrétiennes de la Drôme et de l'Ardèche se réunissent en assemblée générale, au moins une fois l'an, pour l'édification de leurs membres et l'étude des intérêts particuliers et généraux de l'Œuvre.

ARTICLE 2

Chaque Union a droit, pour la partie délibérative, à un délégué par 5 membres actifs ou fraction de 5 membres.

Le Comité du Groupe et le délégué du Groupe au Comité national ont droit chacun à un délégué.

ARTICLE 3

Les délégués ont seuls voix délibérative; tous les frères présents ont voix consultative.

ARTICLE 4

Chaque assemblée générale désigne le sujet qui sera traité dans la suivante, et nomme le rapporteur. Elle peut cependant confier ce double soin au Comité du Groupe, qui reste chargé dans tous les cas de rédiger l'ordre du jour de la séance délibérative.

ARTICLE 5

Chaque Union doit présenter un rapport sur sa marche intérieure et sur les œuvres dont elle s'occupe.

ARTICLE 6

Le secrétaire du Groupe dresse le procès-verbal de chaque assemblée générale, le transcrit sur un registre spécial, et en donne lecture à l'assemblée suivante. Une copie en est adressée au Comité national, en vue de l'organe officiel des Unions de France.

ARTICLE 7

Le bureau de la conférence, nommé à bulletins secrets par les délégués, se compose d'un président, d'un vice-président et de deux secrétaires, dont l'un est de droit le secrétaire du Groupe.

Agents visiteurs

ARTICLE 1er

Le Groupe tâchera d'avoir un ou plusieurs agents visiteurs, qui seront désignés par le Comité du Groupe.

ARTICLE 2

Les agents visiteurs sont chargés de visiter et d'encourager les Unions existantes, et d'en organiser partout où cela sera possible.

ARTICLE 3

Ils présenteront à chaque assemblée générale un rapport sur l'ensemble de leurs travaux.

Caisse du Groupe

ARTICLE 1er

La caisse du Groupe est destinée à couvrir les frais du Comité et des agents visiteurs, et à venir en aide, si ses moyens le lui permettent, aux Unions peu aisées.

ARTICLE 2

Elle est également destinée à indemniser les délégués chargés de représenter le Groupe à la Conférence nationale et aux assemblées générales des autres Groupes.

ARTICLE 3

La caisse est alimentée par des collectes faites aux assemblées générales, par une cotisation obligatoire de un franc par chaque membre des Unions, et par des dons volontaires.

Modifications

Toute modification au présent règlement ne pourra être discutée qu'en assemblée générale et devra, pour être adoptée, réunir les suffrages des 2/3 des votants.

Comité pour la période 1898-99 :

Président : M. GUILLIOT, 12, faubourg St-Jacques, Valence.
Secrétaire : M. DELHOMME 24, avenue de Romans, Valence.
Trésorier : M. VALLON FILS, 31, rue Général-Farre, Valence.

Alliance des Unions chrétiennes de Jeunes Gens de France
GROUPE DE LA DROME-ARDÈCHE

LA CONFÉRENCE
DU GROUPE
tenue à MONTMEYRAN le 18 juin 1899

La conférence annuelle des Unions chrétiennes du groupe de la Drôme-Ardèche s'est réunie à Montmeyran le 18 juin 1899.

L'époque, imposée par des circonstances particulières, n'est pas des mieux choisies, car on est au plus fort des travaux de la campagne. Toutefois, nos amis de Montmeyran, pour nous être agréables, font taire toute autre préoccupation, et nous reçoivent avec empressement.

La conférence n'a duré qu'un jour, temps à peine suffisant; on a joui trop peu du plaisir de la communion fraternelle. Il conviendra à l'avenir de prendre d'autres dispositions.

Ainsi donc, le 18 juin au matin, arrivent à Montmeyran, par diverses voies — qui en voiture, qui à bicyclette — des fournées d'Unionistes. Vers 9 heures du matin, les nombreuses délégations de Bourdeaux, Crest, Dieulefit, Tournon, Valence sont réunies avec leurs amis de Montmeyran et une délégation d'Annonay, dans la sacristie du temple, où se tient la réunion de prières préparatoire. Quelques versets de la Parole de Dieu sont lus dans I Rois III, et c'est sur ce thème : « *Je ne suis qu'un jeune garçon qui ne sait point comment il faut se conduire* » que plusieurs Unionistes demandent au Seigneur, avec ferveur, ses lumières ses directions, son esprit, afin que la fête de ce jour porte des fruits bénis.

La séance d'affaires suit immédiatement la réunion de prières. On procède d'abord à l'appel des délégués officiels. Sont représentées, les Unions de *Bourdeaux*, par MM. Gresse Samuel, Mattras Paul, Raspail Emile, Rodet Samuel ; *Crest*, par M. Vincent Fabien ; *Dieulefit*, par MM. Brès Emile, Soubeyran Louis ; *Montmeyran*, par MM. Thibaud et Verly ; *Tournon*, par MM. Arnal, Cornud, Eldin ; *Valence*, par MM. Combe, Faletty, Vallon. L'association d'anciens catéchumènes d'*Annonay* est représentée par MM. Déaux et Piollenc. Le *Comité de Groupe* par MM. Delhomme et Guilhot, soit, ensemble, 17 délégués officiels.

M. Guilhot fait connaître que les Unions de *Privas* et de *Saint-Fortunat* s'excusent de ne pouvoir se faire représenter à la conférence. Des difficultés d'ordre matériel ont empêché aussi l'Union d'*Alboussières* (Ardèche) d'envoyer des délégués.

On élit le bureau de la conférence. Sont nommés : *Président*, M. Raspail ; *vice-présidents*, MM. Soubeyran et Vincent ; *secrétaire*, M. Arnal ; *secrétaire de droit*, M. Delhomme, secrétaire du groupe.

M. Raspail remercie au nom du bureau. Il souhaite la bienvenue parmi nous aux délégués d'Annonay et donne la parole à l'un d'eux, M. Déaux. « Notre association n'est pas une U. C., mais une association d'anciens catéchumènes, dit M. Déaux. Nous datons d'un an environ ; nous sommes peu encore, une dizaine, ayant à notre tête M. le pasteur Josselin. Nous sommes très sensibles à l'invitation qui nous a été adressée de nous rendre ici, et à l'accueil que vous nous faites. »

M. Raspail remercie M. Déaux de ses explications et exprime le souhait que nos amis d'Annonay se constituent bientôt en U. C. et demandent leur rattachement au groupe.

Entre temps, le procès-verbal de la dernière conférence, à Dieulefit, est remis aux délégués ; il est adopté sans observations.

M. Guilhot a la parole pour une communication du Comité national dans laquelle M. Sautter exprime ses meilleurs vœux à la conférence et recommande à l'attention des Unions la question des secrétaires généraux et de la conférence nationale. — Mention est faite d'une lettre de M. Courthial, ancien membre du Comité de Groupe, qui nous exhorte à travailler à l'évangélisation de la jeunesse et à former des caractères.

M. Guilhot poursuit en lisant le résumé analytique des rapports des Unions du Groupe, ainsi conçu :

Rapport du Comité de Groupe

Je vais, selon l'usage, rassembler les faits essentiels qui ont caractérisé la marche de chacune des Unions du Groupe pendant l'exercice 1898-1899. — Si je faisais involontairement des omissions, que vous estimeriez utile de réparer, il est bien évident que délégués ou rapporteurs des Unions intéressées auraient toute facilité pour le faire, cette lecture une fois achevée.

Sans autre préambule, j'entre en matière en commençant par l'Union de Bourdeaux :

Bourdeaux. — Cette Union me paraît en progrès. — Elle a 16 membres actifs contre 13 l'an dernier, et le nombre de ses associés ou cadets s'est à peu près maintenu. — Sa vie, au reste, se manifeste non seulement par l'accroissement de ses membres, mais aussi par l'initiative qu'on y montre : elle s'efforce de donner de la variété à son action. C'est ainsi que, sans rien abandonner de son programme — études bibliques, réunions de prières ou consacrées aux Missions, étude de sujets pratiques et intéressants, local ouvert aux Jeunes Gens deux fois par semaine, le soir — elle a organisé deux conférences avec projections lumineuses, une excursion à la forêt de Saou, où elle avait convié les Unions de Crest et de Dieulefit, qui s'y sont rendues, trois soirées littéraires pendant l'hiver, à l'occasion des départs de M. Dedie et des conscrits, et la troisième le lundi de Pâques, avec le concours de l'Association de Jeunes Filles.

Oublierai-je la réception très fraternelle que cette Union offrait récemment à l'Union de Dieulefit et aux délégués du Groupe ? Certes non. — Elle concourt à démontrer, avec l'ensemble de son activité, qu'un bon nombre parmi nos amis de Bourdeaux, sont dévoués à l'œuvre, qu'ils s'emploient à la rendre attrayante pour les Jeunes Gens, et enfin, qu'ils possèdent l'esprit d'association et de solidarité chrétienne, étendant ses bienfaits non seulement **auprès**, mais autour, mais au loin.

La principale difficulté pour nos amis, est la dispersion des membres dans l'étendue de la commune de Bourdeaux.

Que le Seigneur veuille leur donner toujours plus de zèle pour la vaincre !

Crest. — C'est maintenant à l'Union de Crest, dans l'ordre alphabétique. — Nous en étions à la note très pessimiste, l'an dernier, à l'égard de cette Union. — Réduite, comme vous le savez, à 2 actifs et 7 associés en juin 1898, elle perdait encore des membres dans la suite. En telle sorte qu'à fin décembre dernier elle n'avait plus que 3 actifs et 3 associés. — Mais, sans doute, le retour de son ancien vice-président, libéré du service militaire, sera comme le point de départ d'une ère meilleure ; nous voulons l'espérer.

Elle est en voie de reconstitution et de progrès ; elle a déjà 5 actifs et 6 associés. — Des influences heureuses comme celle de Madame Reboul, agissent sur elle. — Il est donc permis de penser que sous la direction du Seigneur elle va s'orienter dans la voie qui, également éloignée de la mondanité et de l'étroitesse, la conduira au progrès véritable, et lui donnera d'avoir une action morale et religieuse réelle sur la Jeunesse de l'Eglise de Crest. — C'est là le vœu que nous formons tous pour elle. — Amis de Crest, résolument à l'œuvre, avec persévérance, en bons témoins du Christ !

L'Union de Crest, dans l'exercice écoulé, a surtout marqué son activité en organisant des promenades champêtres : le 31 juillet, elle allait à la réunion en plein air de Truinas, le 15 août, à la forêt de Saou, où elle trouvait nos amis de Dieulefit et de Bourdeaux. — Cette année, le lundi de la Pentecôte, elle a visité Roche-Colombe. Le 12 novembre, elle offrait un thé d'adieu aux conscrits. Les 25 et 26 février dernier, elle célébrait sa fête anniversaire.

Dieulefit. — L'Union de Dieulefit paraît maintenir ses positions, 7 actifs, 40 associés, 39 cadets. — Il est cependant permis de craindre, avec un tel classement et lorsque le nombre des membres actifs est très faible par rapport à l'ensemble des Jeunes Gens groupés, que l'œuvre ne prenne un caractère trop personnel, qu'elle ne mette en mouvement qu'un nombre trop restreint d'activités réelles. — Nous tombons un peu dans le même travers à Valence.

L'écueil en sens contraire, lorsque l'Union

rend trop facile l'admission comme membre actif, peut être de compromettre une bonne administration, la bonne marche de l'Union. — Il faut se mouvoir entre ces deux écueils de caractères différents. C'est la direction du Seigneur qu'il faut rechercher pour ne point trop pencher à droite ou à gauche.

Dans la campagne dernière, l'Union s'est proposé d'attirer les Jeunes Gens dans sa sphère d'influence, pour leur faire du bien par une œuvre directe de jeune homme à jeune homme, ou par des réunions religieuses diverses.

Une salle de lecture attrayante, dans un local bien aménagé; un jardin avec boules, quilles, croquet et autres jeux, ont été les moyens d'attraction. — Dans des réunions d'études bibliques et d'appels, des soirées familières, des promenades à la campagne, et enfin des conférences, nos amis de Dieulefit ont cherché à gagner la confiance des Jeunes Gens et les cœurs à Christ.

Cette Union a été privilégiée entre toutes: elle a entendu des allocutions ou des conférences nombreuses données par MM. le pasteur Fabre, de Valence, le professeur Barde, de Genève, Arnal, Corinaldi et Vautrin, de Lyon.

La semence jetée en terre n'a pas levé au gré de nos amis, qui se sentent encore faibles;

La Conférence du Groupe, tenue à Montmeyran le 18 juin 1899

mais qu'ils ne se relâchent point, recherchant sous le regard de Dieu, avec plus de soins encore le bien de l'œuvre, et sûrement le Seigneur bénira leurs efforts.

Montmeyran. — L'Union qui nous reçoit aujourd'hui ne cherche pas à se faire valoir. — Je suis presque tenté de dire qu'elle est trop modeste. — Nous avions tiré sur elle une traite le 4 juin 1898, à Dieulefit, elle absente. — Elle ne l'a pas laissé protester, elle l'a acceptée. — Bien que, à cette époque de grands travaux, ce soit beaucoup de dérangement pour elle de recevoir des amis, elle a bien voulu héberger la conférence. — Le Comité de Groupe lui en est particulièrement reconnaissant.

L'Union de Montmeyran a sa période d'activité principalement en hiver. Elle se réunit alors le dimanche soir dans le local mis gracieusement à sa disposition par son président, M. Combe. — Des Jeunes Gens viennent de plusieurs kilomètres pour assister à ces soirées. — Dans la dernière campagne, M. Verly, suffragant de la paroisse, s'est appliqué avec beaucoup de dévouement à rendre les réunions intéressantes. — Les études bibliques ont alterné avec des causeries, des conférences, des soirées littéraires ; 25 à 30 présences à ces réunions.

Sous les auspices de l'Union chrétienne, une

conférence a été donnée dans la chapelle des Rorivas, sur le réformateur Guillaume Farel, par M. le docteur D. Ce concours de bonnes volontés aura eu certainement pour résultat de faire connaître l'Union chrétienne sous un jour plus favorable et de la faire mieux apprécier dans le milieu où elle se recrute. — On estimera, désormais, que l'apanage du jeune chrétien doit être une saine et franche gaîté, qu'il doit, de bonne heure, apprendre à se donner, à se dévouer, à l'exemple du Maître qu'il veut servir; et bientôt, sous cette influence bénie, affermie dans le Seigneur, l'Union de Montmeyran deviendra conquérante. — S'assurer de ses forces, en prendre conscience, l'Union de Montmeyran me paraît s'être appliquée à le faire tour à tour avec MM. Faivre et Verly, dans les meilleures conditions possibles; nous lui souhaitons maintenant d'aller courageusement de l'avant, et d'étendre son influence jusqu'aux Unions sœurs. — Elle commence aujourd'hui même, du reste.

L'Union de Montmeyran ne compte que 7 membres actifs, mais elle a 20 associés environ, dont la plupart présentent tout le sérieux et la piété nécessaires pour devenir membres actifs, et qui le deviendront sûrement le jour où ils apprécieront la vérité de cette parole : « Il y a plus de plaisir à donner qu'à recevoir ».

Valence. — Nous le faisions pressentir l'an dernier, les rangs des membres actifs se sont un peu éclaircis. — Par suite du départ de 6 Unionistes-conscrits pour l'armée, nous sommes réduits à 12. Le nombre de nos membres associés s'est accru, nous en comptons une vingtaine. — La marche de l'Union n'a pas sensiblement changé. L'intérêt pour nos réunions d'études bibliques se maintient. — Le nombre moyen des présences à ces réunions est de 18 à 20. — Je me bornerai à énumérer les faits principaux de notre existence unioniste : soirées offertes aux conscrits au départ de la classe, aux soldats arrivant dans la garnison, pour les inviter à fréquenter la salle de lecture spéciale, aux catéchumènes pour les inviter à suivre nos réunions, soirée littéraire et musicale, excursion dans le Royannais. — Nous avons mis tous nos soins à la réussite de ces diverses attractions sans jamais perdre de vue le but essentiel de l'œuvre : acheminer les Jeunes Gens vers Christ.

Notre salle de lecture pour militaires a fonctionné avec plus de régularité que par le passé, grâce au zèle des membres de la commission de la salle.

En somme, bonne marche, plutôt en progrès.

Ce qui nous manque le plus, ce sont les con-

férences ou visites d'amis venus de l'extérieur.
— Nous comptons fréquemment parmi nous nos
pasteurs, et spécialement M. Etienne Causse,
et nous en sommes très heureux ; mais, du
dehors, peu ou pas d'amis qui nous visitent. —
Nous le regrettons.

Privas et St-Fortunat. — Ces deux
Unions ne sont pas rattachées au Groupe. —
Pour des motifs divers, elles ne paraissent pas
éprouver le besoin de s'unir à nous. — Elles se
privent du bénéfice de cette sympathie qui nous
unit, de l'échange fraternel des idées, du bien-
fait des visites réciproques. — Les nouvelles
que nous avons reçues à la dernière heure de
ces Unions ne sont pas des plus satisfaisantes.

L'appréciation d'ensemble qu'il convient
maintenant de porter sur nos Unions, c'est
qu'elles marquent un léger progrès sur l'an
dernier. — « J'ai appris à être content de peu »,
disait l'Apôtre. Faisons de même. — Applaudissons même à ce résultat, demandant au
Seigneur qu'il veuille faire davantage à l'avenir, qu'il veuille faire éclater sa puissance à
travers notre faiblesse, pour l'avancement de
son règne parmi la jeunesse.

Comité de Groupe. — Il me reste à vous
dire quelques mots de l'activité du Comité de

Groupe qui vous remet aujourd'hui le mandat que vous lui aviez renouvelé il y a un an à Dieulefit. — Il est toujours malaisé de parler de soi. — Au surplus, vous connaissez par le journal le peu que nous avons fait. — Je ne ferai donc pas comme l'an dernier le compte-rendu de nos allées et venues, ni celui des lettres envoyées, ce serait fastidieux pour vous. — Je me bornerai à vous dire que le Comité a poursuivi pendant l'année qui prend fin la politique qu'il avait inaugurée auparavant : *Entretenir ou réchauffer le zèle des Unions et celui des chrétiens qui les environnent ; faire connaître l'œuvre au grand public par des réunions publiques dans les Eglises ou par la presse religieuse ; saisir enfin les corps ecclésiastiques, les synodes, du caractère d'urgence de l'œuvre à faire parmi la jeunesse, et les inciter à mettre la question à l'étude ; poursuivre ainsi la fondation de nouvelles Unions chrétiennes.*

Si le programme est bien conçu, les agents chargés de l'exécuter ont été au-dessous de la tâche. — Aussi les résultats sont à peine sensibles. — Il se peut que nous ayons aidé à faire mettre, dans notre région, la question de l'éducation morale et religieuse du jeune homme à l'ordre du jour plus qu'elle n'y était par le passé. — Il se peut aussi qu'un travail latent s'accomplisse. — Le Seigneur le sait. — Mais dans la réalité apparente des choses, peu de résultats.

Réjouissons-nous, toutefois, de ce qu'une Union est en voie de formation à Alboussières; de ce que, à Annonay, une Union d'anciens catéchumènes a été formée récemment et qu'elle a voulu nous témoigner son intérêt en nous envoyant deux délégués, MM. Déaux et Piollenc, auxquels je souhaite, à mon tour, une cordiale bienvenue.

J'ai terminé. — Je n'ai plus à vous faire connaître que la situation financière de la Caisse du Groupe. — Elle se présente ainsi :

Recettes :

En caisse au 4 juin 1898...................	71f 95
Souscriptions (donateurs).................	93 »
Subvention du C. N. pour le voyage du délégué officiel à la conférence de Bâle ...	40 »
Cotisations d'Unions	64 »
ci.....	268f 95

Dépenses :

Abonnements au *Cévenol,* y compris dons pour numéros supplémentaires	26f 40
Envoi de ces numéros de propagande.....	3 95
Frais de transport des délégués dans leurs visites	61 40
Frais de correspondance et de convocations pour la conférence...................	26 70
Subvention au délégué officiel du groupe à Bâle.................................	60 »
ci.....	178f 45
En caisse, reste au 17 juin 1899	90f 50

M. Guilhot ajoute : Je croirais manquer à mon devoir si je ne remerciais pas, publiquement, M. le pasteur Davaine de nous ouvrir si largement les colonnes du *Cévenol* et de nous permettre de faire ainsi de la propagande pour notre œuvre. Je vous demande, mes amis, de vous associer à mes remerciments *(applaudissements)*.

Tournon. — La parole est à M. Arnal, président de l'Union de Tournon, pour un rapport oral sur la marche de cette Union, formée d'élèves de l'école préparatoire de théologie : 11 membres au début de l'année, nous n'étions plus que 6 membres et 19 associés à fin 1898, mais, grâce à Dieu, l'Union semble reprendre sa marche normale. Si la dissémination des membres est l'obstacle pour quelques Unions, pour la nôtre, c'est plutôt la vie commune. Chacun de nous a ses défauts, son caractère ; de là bien des difficultés.

D'ailleurs, pas d'activité extérieure, mais seulement une action mutuelle des uns sur les autres ; nos réunions sont fréquentées par une moyenne de 15 Jeunes Gens ; les nouveaux venus sont pleins de zèle ; ils seront, nous l'espérons, de fidèles membres actifs dans l'avenir. Nous avons le mercredi réunion d'édification et le dimanche réunion de prières, une réunion missionnaire par mois et une correspondance missionnaire.

La situation matérielle se solde sans déficit.

Nous sommes venus 15 de l'Union de Tournon à la conférence de Montmeyran.

Les détails fournis par M. Arnal sont accueillis par les applaudissements de la conférence, témoignant à l'Union de Tournon toute la sympathie des Unions sœurs. Le président, M. Raspail, assure du reste cette Union de toute notre affection chrétienne; il exprime le vœu de la voir très prospère.

M. Raspail remercie également M. Guilhot de son rapport. Il est permis de constater, dit-il, un progrès réel dans l'ensemble de nos Unions. Il faut louer ceux qui, dans nos Unions, travaillent à l'œuvre, mais il en est beaucoup trop encore qui ne savent pas s'employer utilement. Il y a une place et une tâche pour chacun des membres, selon ses aptitudes. Soyons actifs à la rechercher et à l'accomplir, sous le regard du Seigneur.

Le président remercie enfin le Comité de Groupe de l'activité qu'il a déployée pendant l'année écoulée pour le développement de l'œuvre. Il estime que la conférence n'a rien de mieux à faire que de lui témoigner sa reconnaissance et sa confiance en lui renouvelant son mandat.

M. Guilhot pense au contraire, qu'il y aura tout avantage pour la prospérité du Groupe à changer de Comité. Il importe, en effet, qu'à tour de rôle, tout le monde soit à l'œuvre. Sinon, ce seraient toujours les mêmes physionomies, les mêmes clichés, et il se pourrait que l'ennui naquît de cette uniformité.

La séance est suspendue à 10 h. 45 pour assister au culte présidé par M. le pasteur Causse, de Valence.

Les Unionistes se réunissent au pied de la chaire au nombre d'une soixantaine environ. La prédication de M. Causse sur cette parole adressée par le Seigneur Jésus au jeune homme riche : « Honore ton père et ta mère » (Marc X, 19), est des plus impressionnantes. Très fortement pensée et d'un grand sens pratique, elle est la bonne semence, la semence active jetée dans les cœurs. Le Seigneur voudra qu'elle y lève pour sa gloire. Nous sommes heureux de pouvoir la donner *in extenso*.

BIBLIOTHÈQUE NATIONALE R.F. IMPRIMÉS

PRÉDICATION

DE

M. le pasteur CAUSSE

« Honore ton père et ta mère. »
(EXODE, chap. XX, v. 12).

CHERS JEUNES GENS,

Si quelqu'un d'entre vous pouvait s'étonner du choix de mon texte pour une circonstance semblable, pour un discours à la jeunesse de l'Eglise, je me contenterais de rappeler l'entretien de Jésus et du jeune riche : à la demande de celui-ci : « *Que dois-je faire pour avoir la vie éternelle ?* » Jésus répond précisément en rappelant les principaux commandements : « Tu ne commettras point d'adultère ; tu ne tueras point ; tu ne déroberas point ; *honore ton père et ta mère* ». Ainsi, l'exemple de Jésus fait plus que nous autoriser à mettre ce commandement sous les yeux et sur la conscience de nos Jeunes Gens, il nous le prescrit. Et si, comme nous le croyons, plusieurs, la plupart même, peuvent dire comme le jeune riche : « Je l'ai observé dès ma jeunesse », je m'assure que ce sont justement ceux-là qui l'entendront avec le plus de plaisir et de profit, car personne n'aime à entendre parler de conversion comme les convertis.

La première moitié de la loi, consacrée à nos devoirs envers Dieu, s'ouvre par ce commandement : « Je suis l'Eternel, ton Dieu ; tu n'auras point d'autre Dieu devant ma face ». Et la seconde moitié, consacrée à nos devoirs envers les hommes, s'ouvre par celui-ci : « Honore ton père et ta mère ». Ainsi, le premier de nos devoirs envers Dieu, c'est de le reconnaître pour Dieu ; et le premier de nos devoirs envers les hommes, c'est notre devoir envers notre père et notre mère. D'un côté, Dieu ; de l'autre, le père et la mère, les représentants de Dieu au sein de la famille... Il y a là un rapprochement qui n'est certainement pas fortuit : ne semble-t-il pas qu'en mettant ce devoir à cette place d'honneur, Dieu ait voulu tout le premier honorer le père et la mère ?

« Je suis l'Eternel, ton Dieu ». C'est sous l'autorité et comme sous la consécration de cette parole que sont placés tous les commandements de la première table de la loi ; « tu ne te feras point d'image taillée, tu ne prendras point le nom de l'Eternel, ton Dieu, en vain, tu travailleras six jours et tu sanctifieras le septième », tout cela découle de cette première parole : « Je suis l'Eternel, ton Dieu ».

« Honore ton père et ta mère ». C'est aussi sous l'autorité et sous la consécration de cette parole que sont placés tous les commandements de la seconde table : « Tu ne tueras point, tu ne commettras point d'adultère, tu ne déroberas point, tu ne diras point de faux témoignage », tout cela découle de cette seconde parole : « Honore ton père et ta mère ».

Oui, jeune homme, honore ton père et ta mère, et tout le reste ira de soi, et tu pratiqueras tout ton devoir envers ton prochain, et cette première vertu sera comme la source pure et féconde de toutes les vertus sociales. Honore ton père et ta mère, et je ne craindrai pas que tu deviennes jamais ou un adultère, ou un meurtrier, ou un voleur, ou un menteur... Essaie donc de supposer un instant le contraire ; essaie d'associer dans ta pensée l'honneur de ton père, le respect de ta mère avec la violation des commandements qui suivent, avec l'impureté, avec la fraude, avec le mensonge !.. Impossible ! Le jour où tu ferais cela, le jour où dans ton cœur tu donnerais asile à des pensées impures, à des pensées d'envie, de convoitise, de haine, qui est déjà un meurtre, ce jour-là tu aurais cessé d'honorer ton père et de respecter ta mère.

Mais veux-tu au contraire te préserver pur des souillures du monde? Veux-tu sauver ta jeunesse des tentations et des dangers qui la menacent? Veux-tu passer sans broncher par dessus les abîmes où tant d'autres vont s'engloutir?.. Veux-tu triompher du mal, non pas seulement du mal en action, mais du mal en pensée, en désir, en intention? Veux-tu qu'aucun sentiment vil, qu'aucune basse pensée, qu'aucune mauvaise convoitise ne vienne jamais empoisonner ou même seulement effleurer ton âme!.. Veux-tu être un homme fort, un homme viril, et en même temps un homme bon, car les cœurs vraiment forts sont les seuls vraiment bons; un homme généreux à qui rien d'humain ne doit être étranger, et qu'aucune de ces choses justes, vraies, pures, aimables dont parle l'apôtre ne laisse indifférent? un jeune homme à l'âme noble et fière, j'entends fière dans le sens d'élevée, planant au-dessus de toutes les préoccupations mesquines, au-dessus de tous les intérêts égoïstes? Et veux-tu en même temps être un homme heureux, non pas dans le sens vulgaire et éphémère, mais dans le sens divin et éternel?.. Honore ton père et ta mère.

Honore ton père et ta mère, et cet honneur sera ta force, il sera ta joie, il sera ta gloire, il sera ta sauvegarde et comme ton talisman dans ce monde ; il sera ton propre honneur, car tu ne peux les honorer sans t'honorer toi-même. Pour moi, j'ai confiance dans l'avenir du jeune homme qui demeure fidèle à ce premier commandement, car il sera sûrement dans la société, quelque situation qu'il y occupe, ce qu'il est dans sa famille, et il honorera son pays comme il honore son père. Qu'attendre, au contraire, d'un mauvais fils ? Que peut donc respecter celui qui ne respecte pas sa mère, et comment se respecterait-il lui-même ?..

Et pourtant, ce manque de respect est devenu si commun qu'il semble avoir perdu ce qu'il a toujours de grave et parfois d'odieux ; et tel jeune homme qui pour rien au monde ne voudrait enfreindre les commandements qui suivent, à qui par exemple la seule pensée de l'impureté, du vol, du mensonge fait horreur, est infiniment moins ému par la pensée de manquer de respect à son père ou à sa mère. Vous savez les accusations qu'on adresse à cet égard à la jeunesse contemporaine, et, en les supposant excessives, force nous est bien d'en croire une partie... Il s'agirait sans doute de savoir si toute la faute est imputable à la jeunesse, et s'il ne faudrait pas faire remonter aux parents eux-mêmes une part, et souvent une très grande part, de responsabilité... Quoi qu'il en soit, il existe à cet endroit une lacune profonde au sein de la famille, et qui menace jusqu'à son existence elle-même. Sans nous croire tenus de rabaisser le présent au profit du passé, tout en étant bien éloignés de tout admirer dans l'état social qui a précédé le nôtre, il est permis de regretter cette autorité du père de famille d'autrefois, et, de la part des enfants, ces égards, ces prévenances, ces témoignages de respect, trop extérieurs peut-être et superficiels, mais qui valaient mieux cent fois que le sans-façon et le sans-gêne d'aujourd'hui. — Comme un peuple dont l'éducation pèche par la base, nous poussons tout aux extrêmes, sans parvenir à concilier la liberté, l'indépendance individuelle avec le respect de l'autorité même la plus légitime et la plus sacrée. Et, pour le dire en passant, il y a là un danger redoutable pour l'avenir de notre démocratie elle-même, un danger qui va grandissant, et contre lequel nous devons lutter de toutes nos forces, non-seulement dans l'intérêt de la famille, mais aussi de la Patrie elle-même, persuadés comme nous le sommes que tout ce qui porte atteinte à la première est mortel pour la seconde.

Non seulement Dieu a placé ce devoir à la première place parce qu'il est le premier en importance, mais aussi parce qu'il est le premier en date, celui qui se présente d'abord à l'enfant et au jeune homme. Or, nous avons le défaut et le malheur de renverser toujours l'ordre normal, l'ordre naturel des choses, et les devoirs les plus près de nous sont souvent les plus négligés.

Voyez ce jeune homme hors de chez lui : il est rempli d'égards et de prévenances pour tous, il a toujours un mot aimable pour chacun, la joie sourit partout à son approche, il est l'agrément et le charme de la société... Mais, dès qu'il a mis les pieds dans la maison, c'est un changement à vue; le jeune homme aimable et charmant de tout à l'heure s'est évanoui pour faire place à un tout autre personnage, triste, maussade, mécontent de tout et de tous, aux manières et aux paroles brusques, tranchantes, vulgaires... La maison paternelle lui semble une prison, aussi n'y fait-il que des apparitions toujours plus rares et plus courtes; à mesure qu'il grandit, il devient un étranger pour ses parents; les goûts, les intérêts, les desseins, les vies se séparent. Et parfois, à mesure qu'il s'instruit ou qu'il s'élève dans les rangs de la société, non seulement ses parents lui deviennent étrangers mais il semble qu'ils lui deviennent à charge et qu'il rougisse de les avouer.

Jeunes Gens qui voulez être fidèles au commandement du Seigneur, prenez exactement la contre-partie de ce que nous venons de dire. Soyez aimables et bons envers tous, mais réservez pour votre famille ce qu'il y a de meilleur en vous. Les maladies, les épreuves, les préoccupations de toutes sortes dont vous avez été vous-même l'objet, les sacrifices qu'ils se sont imposés, tout cela pèse peut-être lourdement sur les épaules de votre père âgé, de votre mère infirme. Leur cœur s'est peut-être quelque peu aigri, leur esprit assombri... A vous de leur apporter quelque chose de votre force, de votre entrain, de votre joie, et même des illusions de votre jeunesse, de faire rayonner l'espérance dans la maison et dans les cœurs qui n'espèrent plus. Peut-il y avoir pour vous une mission plus douce et plus noble que celle-là sur la terre? Faites donc de la maison paternelle votre rendez-vous de prédilection! Qu'elle vous soit chère par-dessus toutes les autres, par-dessus tous les rendez-vous favoris de la jeunesse contemporaine, plus que le café, plus que le cercle, plus que le théâtre! Ornez-la, embellissez-la, rendez-la attrayante et aimable pour tous!

Soyez l'ami de votre père et de votre mère : pouvez-vous en avoir de meilleur, de plus fidèle? Faites-en vos confidents les plus intimes : pouvez-vous en avoir de plus sûrs, de plus discrets, de plus désintéressés? Ayez pour eux le moins de secrets possible, j'oserai dire n'en ayez point du tout, car je crains pour vous tout ce que vous n'osez pas confier à votre père ou à votre mère... Et si leurs sacrifices mêmes vous ont élevé dans une situation intellectuelle ou même matérielle supérieure à la leur, quelle raison nouvelle de les entourer des plus tendres égards, de la plus profonde reconnaissance!

Sous le règne de Louis XIV, un officier, nommé Duras, servait dans le régiment d'Aubusson. Il était fils d'un paysan, mais tous ceux qui le connaissaient le croyaient membre de la puissante famille du même nom. Un jour, son père étant venu le voir, l'officier le présenta à son colonel, en veste et en sabots. Le roi, instruit de la manière dont ce brave officier avait reçu et honoré son père, le fit venir, et le prenant par la main : « Je suis charmé, lui dit-il, de connaître un des plus honnêtes hommes de mon royaume. Je vous donne mille écus de pension. Mariez-vous, j'aurai soin de vos enfants; vous méritez d'en avoir qui vous ressemblent. »

Et voici un trait qui vous est plus familier : Joseph est devenu le premier personnage de l'Egypte, après le roi. Tout un grand peuple fléchit le genou devant lui. Son père, vieux berger, descend de Canaan en Egypte, et le premier soin de Joseph, c'est de le présenter au roi, et de l'entourer de tendresse, de respect et d'honneur.

Vous avez tous, Jeunes Gens, des parents (car il faut étendre la portée de ce commandement non seulement au père et à la mère, mais à tous ceux qui souvent en tiennent lieu dans la vie) qui vous ont donné leur exemple, l'exemple d'une vie de travail, de fidélité au devoir. Ils vous laisseront un nom intact, le souvenir de leurs vertus, peut-être leur foi pour héritage... Savez-vous bien que c'est là un patrimoine d'un prix inestimable, sans comparaison avec toute la fortune ou avec tous les titres et tous les honneurs du monde ? Ah bénissez-les, et bénissez aussi le Dieu qui vous les a donnés ! Et s'ils sont déjà partis, peut-être hélas ! sans que vous ayez pu faire pour eux tout ce que vous auriez dû, ce que vous auriez voulu faire, vous laissant ainsi un regret amer au cœur et une dette sacrée, acquittez-vous envers eux en marchant sur leurs traces, en honorant le nom qu'ils vous ont laissé, en le transmettant vous-même sans tâche et entouré d'un nouveau lustre à vos propres enfants. Et si jamais vous aviez la douleur — oh! si jamais vous aviez la douleur — de les voir faillir, s'il vous fallait les voir descendre du piédestal où votre piété filiale les avait élevés, eh bien! honorez-les quand même! S'ils ont des faiblesses, soyez les der-

niers à les voir. Souvenez-vous de l'exemple
des enfants de Noé. Noé, par mégarde ou par
ignorance, s'est laissé surprendre par le vin.
Et Cam et son fils Canaan se permettent d'en
rire et d'appeler Sem et Japhet pour en rire
avec eux. Mais Sem et Japhet, pénétrés de
douleur et de respect, cachent la honte de leur
père et ne veulent pas la voir eux-mêmes. Et
Dieu maudit Cam et Canaan, tandis qu'il bénit
Sem et Japhet, et c'est ainsi que sa bénédiction
s'éloigne des enfants qui traitent avec légèreté,
avec irrévérence, les erreurs ou même les fau-
tes de leurs parents, tandis que cette bénédiction est assurée aux enfants qui les respectent
quand même, parce que Dieu n'a pas dit :
honore ton père et ta mère quand ils seront
parfaits seulement, mais honore-les parce qu'ils
sont ton père et ta mère !

« Honore ton père et ta mère ». Cela veut
dire aussi tout simplement, honore-les des pré-
mices de tes biens, de tes revenus, de ton travail ; viens-leur en aide dans le besoin ; fais
pour eux ce qu'ils ont fait pour toi. Que
d'enfants abandonnent aujourd'hui leurs vieux
parents et les laissent manquer du nécessaire !
honte à eux ! honte à celui qui les considère
comme un fardeau, comme un embarras et qui,
par ses paroles et par ses procédés, ne craint
pas de le leur faire sentir ! Aucun devoir ne

saurait dispenser de ce devoir primordial, et, par exemple, c'est s'abuser soi-même, c'est se méprendre absolument sur l'esprit de l'Evangile que d'abandonner ses parents âgés peut-être, malades, infirmes, sans ressources, pour s'occuper d'autres devoirs, peut-être même de devoirs prétendus religieux, pour répondre peut-être à ce qu'on appelle une vocation irrésistible du Seigneur. A tous ces prétextes j'opposerai toujours cette parole et d'autres semblables : « *Celui qui n'a pas soin des siens a renié la foi et il est pire qu'un infidèle* ». Laissez les devoirs lointains qui ne sont souvent que des devoirs imaginaires, et tenez-vous en d'abord aux devoirs certains et immédiats. Quoi qu'on puisse vous dire, j'affirme que Dieu ne peut rien vous commander qui vous dispense de ce premier commandement.

Honore ton père et ta mère par ton obéissance. Ce n'est pas là non plus ce qui distingue notre jeunesse actuelle. Dans un grand nombre de familles l'ordre naturel, l'ordre divin est renversé, les enfants commandent et les parents obéissent. C'est le malheur et la ruine de la famille. Voyez l'histoire d'Héli : Il a laissé faire à ses fils tout ce qu'ils ont voulu, et quand il veut enfin mettre un frein à leurs débordements, il est trop tard; ils n'écoutent plus la voix de leur vieux père. Mais tournez la page,

et vous verrez tout Israël écrasé par ses ennemis, les deux fils coupables morts dans le
combat, l'arche de l'Eternel tombée aux mains
des Philistins, Héli lui-même comme foudroyé
par tous ces malheurs et sa maison toute
entière anéantie : « *Voici, avait dit l'Eternel,
je m'en vais faire une chose qui étourdira les
oreilles de quiconque l'entendra ; je commen-
cerai et j'achèverai, et je jure que jamais le
crime de la maison d'Héli ne sera expié ni
par des sacrifices ni par des offrandes !* » De
quelle gravité n'est donc pas aux yeux de Dieu
la faiblesse des pères et la désobéissance des
enfants !

Et il n'est pas nécessaire, pour ne pas honorer son père et sa mère, d'en venir à cette
extrémité, de s'insurger violemment contre leur
autorité ou de lever la main sur eux comme
Absalon. On commence par supporter avec
impatience toute observation, on n'obéit qu'à
contre-cœur, comme le fils de la parabole on
dit : « J'y vais ! » mais on n'en fait rien ; on
s'affermit ainsi peu à peu dans la résistance :
où s'arrêtera-t-on dans cette voie ? Quelle dis-
tance entre le jour où Absalon, enfant chéri et
gâté de son père, donne le premier signe d'insu-
bordination, et le jour où, enfant révolté et cri-
minel, quoique toujours aimé, il poursuit son
père les armes à la main !

Ah! vous n'en viendrez jamais là, sans doute; mais sachez-le : on peut percer le cœur de son père et de sa mère autrement qu'avec un poignard. Ecoutez la page suivante, et dites si elle est sans exemple : « Jeune homme, il y a quelque chose de rouge sur ton front, il y a du rouge dans le sentier où tu marches : c'est le sang de ta mère, sang de son cœur que tu as brisé. Autant vaudrait, vois-tu, écrire à ta mère que tu maudis ses cheveux blancs, que tu maudis ses mains fatiguées qui ont tant travaillé pour toi, que tu maudis le vieux fauteuil où le soir, accablée de lassitude, elle se laisse tomber enfin pour penser à toi, que tu maudis le berceau dans lequel, tout petit, tu t'endormais au son de ses cantilènes, toi son enfant rose et pur, toi son fils!... Peu à peu ta mère décline, ses forces la quittent ; dans son délire elle ne parle que de toi... Le nom du mal qui l'emporte est écrit pour l'éternité dans le livre de Dieu! (1) ».

Et pourtant Dieu avait attaché à ce commandement une promesse spéciale : « Honore ton père et ta mère, afin que tes jours soient prolongés dans le pays que l'Eternel, ton Dieu, te donne ». Une longue vie était pour l'Israélite fidèle le témoignage certain de la bénédiction

---

(1) Talmage, *le Masque arraché*.

divine. Oui, je crois au bonheur, je crois à la prospérité, je crois à l'avenir du jeune homme qui honore son père et sa mère, parce que je crois à la promesse de Dieu, comme je crois à sa menace à l'égard des fils ingrats et indignes. La vie de l'enfant est trop liée à celle de ses pères pour qu'elle puisse en être séparée; ils doivent être heureux ou malheureux ensemble : ou bien l'enfant sera une bénédiction pour son père et pour sa mère, et cette bénédiction reviendra sur lui et le couvrira à son tour; ou bien il les fera descendre en pleurant au sépulcre, et le mal qu'il leur aura fait l'atteindra lui-même tôt ou tard.

En somme, jeunes gens, c'est du relèvement de la famille qu'il s'agit, et le relèvement de la famille, c'est celui de la société et de la Patrie elle-même. Ah! vous voulez, n'est-ce pas, travailler selon vos forces au bien de vos concitoyens, de ceux dont vous vous sentez vraiment les frères; vous voulez contribuer à guérir la Patrie des maux dont elle souffre et la voir marcher enfin dans les voies du vrai progrès, de la justice, de la fraternité et de la liberté; vous voulez travailler à sa prospérité matérielle et plus encore à sa grandeur morale. Eh bien, sachez-le! le premier moyen est dans ce devoir si simple que nous vous rappelons aujourd'hui, car la Patrie n'est que la famille agrandie. Et comment la Patrie réaliserait-elle l'idéal que vous rêvez pour elle, quand l'autel de la famille demeure démoli, abandonné, souillé peut-être ! Travaillez donc à la restauration, à l'ornement de cet autel sacré, aujourd'hui comme enfants, demain comme parents ; c'est le premier et le plus urgent de tous vos devoirs ! Oui, au nom de tout ce qu'il peut y avoir de saint et de beau sur la terre, au nom de la famille et de la Patrie, jeune homme, « honore ton père et ta mère ! »

Ad. CAUSSE, *pasteur*.

A midi 1/2, un repas en commun en plein air, sous un beau marronnier, a lieu sous la présidence de M. Causse. La plus franche gaîté règne parmi nous. Puis, c'est l'heure des toasts et des allocutions. Nous applaudissons successivement M. Raspail, président ; M. Combe, président de l'Union de Montmeyran ; M. le pasteur Causse affirmant la nécessité de l'œuvre des Unions chrétiennes et déclarant qu'il lui prêtera tout son concours, non seulement sur le terrain local, mais dans le champ plus étendu du groupe de la Drôme-Ardèche ; MM. Guilhot, Vallon, Verly prennent aussi la parole.

Nous quittons la table pour rentrer en séance. La séance d'affaires est reprise à 2 heures, pour la suite de l'ordre du jour, sous la présidence de M. L. Soubeyran, vice-président, qui adresse au Seigneur une prière.

Nomination du nouveau Comité de Groupe. — MM. Raspail, Soubeyran et quelques membres de la conférence insistent avec beaucoup de chaleur et d'amour chrétien pour que les pouvoirs de l'ancien Comité soient renouvelés.

M. Guilhot fait valoir à nouveau les raisons qui militent en faveur de son remplacement ;

« Je sais, dit-il, que nous n'avons que des amis dans les Unions du Groupe. Vous nous l'avez montré en maintes circonstances ! vous nous le montrez aujourd'hui encore ! Néanmoins, mes amis du Comité et moi, à qui l'expérience a donné le sens des nécessités de l'œuvre, vous demandons de placer ces nécessités au-dessus des personnes et de désigner un nouveau Comité. D'ailleurs, il paraît utile de donner plus de notoriété au Comité en élargissant sa base, suivant le conseil qui nous en a été donné par M. le pasteur Causse. Il semble, en effet, que l'action du Comité de Groupe sera plus profonde, plus réelle, si, à côté d'une commission exécutive, il a auprès de chaque Union un représentant autorisé. Je vous propose donc, avant de passer au vote, de modifier ainsi qu'il suit les articles 1 à 3 des statuts, relatifs à la composition du Comité :

« Art. 1er. Le Comité de Groupe se compose :
« 1° D'une commission exécutive choisie dans la même Union par l'Assemblée générale de toutes les Unions formant le Groupe ;
« 2° D'un représentant de chaque Union au Comité de Groupe, au titre d'assesseur.
« Art. 2. La commission exécutive est nommée pour un an. La même Union peut la posséder plusieurs années de suite. Elle se com-

pose d'un président, d'un secrétaire et d'un trésorier. »

« Art. 3. (Ancien article 4). »

M. Guilhot ajoute : « Cette organisation dont nous avons l'exemple dans le Comité national permettra au Comité d'avoir un point d'appui permanent auprès de chaque Union et d'étendre son action. Elle lui donnera plus d'ascendant ».

M. Raspail observe qu'une bonne administration n'est pas toujours en rapport avec le nombre de ceux qui y concourent ; il croit utile toutefois de faire l'expérience qui est proposée.

La proposition de M. Guilhot mise aux voix est adoptée à l'unanimité.

On revient à l'élection du nouveau Comité. Le Comité sortant persistant dans son refus, on indique les Unions de Bourdeaux ou de Dieulefit comme susceptibles de former la nouvelle commission exécutive.

Après quelques observations des représentants de ces deux Unions, on passe au vote à bulletin secret. Ont obtenu : Dieulefit, 12 voix ; Valence, 4 ; Bourdeaux, 1.

En conséquence, l'Union de Dieulefit est choisie pour former la nouvelle commission exécutive pour l'exercice 1899-1900 *(vifs applaudissements).* — M. Soubeyran remercie la conférence de l'honneur qui est fait à l'Union de Dieulefit. « Nous irons, dit-il, avec la force que Dieu nous donnera ».

M. Guilhot demande que le nouveau Comité n'entre en fonctions que le lendemain de la conférence nationale qui doit avoir lieu à Bordeaux fin octobre. De la sorte, le Comité sortant pourra utilement représenter à Bordeaux la politique qu'il a suivie pendant les deux années écoulées *(Assentiment)*.

La séance est terminée. Le président, M. Raspail, remercie l'Union de Montmeyran de sa cordiale hospitalité, et nous nous rendons immédiatement au temple où, en séance publique, doivent avoir lieu la lecture et la discussion des rapports présentés sur les sujets suivants :

1° *Des enseignements à retirer pour nos Unions de la conférence internationale de Bâle.* (Rapporteur, M. L. Soubeyran).

2° *De l'activité personnelle des membres, en dehors de l'Union.* (Rapporteurs, MM. Vallon et E. Raspail).

Ces rapports, pleins d'intérêt, ont été écoutés avec beaucoup d'attention par l'auditoire. Nous les insérons ici, dans la pensée que les indications ou enseignements qu'ils contiennent pourront être profitables à plusieurs.

Rapport de M. Soubeyran

Des Enseignements à retirer pour nos Unions de la conférence internationale de Bâle

MESSIEURS ET CHERS AMIS,

Vous m'avez fait l'honneur, il y aura bientôt un an, de m'envoyer comme votre représentant officiel aux conférences de Bâle : après avoir été à l'honneur, il était bien juste que je fusse aussi à la peine. Je crains seulement d'être insuffisant pour faire ressortir comme il convient les enseignements à retirer de ces magnifiques et inoubliables journées.

Je serai aussi court que possible, ce rapport devant être surtout une introduction au sujet qui nous occupe en ce moment, et le motif d'un échange de vues entre nous. Je ne vous dirai pas ce que furent ces fêtes : l'*Espérance,* le *Messager* de notre Comité central international, le *Cévenol* et divers autres journaux en ayant donné des comptes-rendus que presque tous ici avons eus sous les yeux. Je m'en tiendrai donc strictement à mon sujet : *Quels enseignements et quels encouragements pouvons-nous retirer, pour chacune de nos Unions, de ces grandes et belles conférences de Bâle ?* Les différents rapports présentés à ces conférences nous fourniront et les uns et les autres.

Ces rapports peuvent être classés en trois catégories : 1° ceux qui nous ont présenté la situation actuelle des Unions chrétiennes dans les divers pays où elles sont à l'œuvre ; 2° ceux qui se sont occupés de la cure d'âme à faire dans le sein de nos Associations ; 3° ceux qui ont étudié l'œuvre missionnaire qu'elles ont à accomplir.

Les premiers nous donneront les encouragements dont nous avons besoin ; les autres, les leçons et enseignements qui nous sont le plus nécessaires.

Ce n'est pas en regardant à l'état présent de nos Unions françaises, que nous pouvons juger de la situation des Unions chrétiennes dans le monde et de la place qu'elles y occupent. Il nous faut aller pour cela en Amérique, en Angleterre, en Allemagne, dans tous les pays protestants généralement. L'œuvre unioniste, dans ces milieux tout imprégnés de l'esprit de l'Évangile, a pris un développement dont nous pouvons à peine nous faire une idée. Les Unions, par leur importance toujours plus grande, par leur nombre toujours croissant, par l'extension de leur cercle d'activité, sont devenues une véritable force, un corps, partie vivante de la nation. Ce n'est plus en face de quelques petits groupements isolés, dispersés au milieu de l'indifférence ou de l'hostilité générale, que nous nous trouvons, mais en présence d'une vaste organisation pénétrant toutes les classes de la société, portant partout son influence : dans l'industrie, dans le commerce, dans l'armée, dans les collèges, dans les universités. Le temps est loin où quelques Jeunes Gens se réunissaient timidement dans une chambre pauvre et nue, autour de la Parole de Dieu, pour la méditer et la mettre en pratique ; ces quelques Jeunes Gens sont maintenant des milliers ; ce n'est plus une petite chambre, nue et froide, qui leur sert de refuge, mais des bâtiments représentant une valeur de près de 150.000.000 de francs : maisons immenses, quelques-unes véritables palais, avec salles de lecture, bibliothèques, salles de jeux, salles de gymnastique, salles de bains, salles de concerts, salles de réunions, salons de conversation, de réception, restaurants, chambres meublées même, avec tout ce que le confort moderne peut imaginer, s'offrant aux regards sur les voies de communication les plus fréquentées, dans les quartiers les plus luxueux de nos grandes villes.

Les Unions ne se cachent plus pour vivre, elles ont maintenant bannière déployée, présentant au jeune homme des attractions variées et honnêtes. Tout ce dont son âme a besoin, tout ce que son intelligence et son corps peuvent désirer lui est offert joyeusement. Elles organisent des réunions où beaucoup ont trouvé et trouvent encore le salut ; des études bibliques simples et vivantes où des chrétiens apprennent à mieux connaître leur Sauveur ; elles ont des cours, des classes d'instruction, des cercles littéraires, artistiques, scientifiques ; elles délivrent des brevets et des certificats que les académies acceptent et reconnaissent ; — elles deviennent, par des soirées familières et intimes, un « home » agréable pour les Jeunes Gens qui n'en ontpas, et où ils trouvent l'affection ; — elles ont des gymnases complets, s'organisant en ligues athlétiques ; — elles ont la haute approbation des chefs du gouvernement, des pouvoirs publics, des chefs de l'armée ; elles obtiennent le concours aussi effectif que sympathique des grandes puissances financières et commerciales, des premières et des plus importantes compagnies de chemins de fer ; elles ont leurs journaux, leurs revues à elles..; quelques-unes même ont des concessions de terrain, leur « champ de repos », au cimetière.

Pour une organisation aussi vaste que compliquée, pour une œuvre aussi étendue, pour des besoins toujours plus grands, des hommes spécialement mis à part sont instruits et formés dans des collèges spéciaux. — Sous la direction de secrétaires généraux, tour· à tour directeurs de classes bibliques, directeurs d'exercices physiques, directeurs d'études aussi bien qu'hommes d'affaires consommés et administrateurs habiles, les Unions chrétiennes deviennent toujours plus fortes, toujours plus agressives, plus conquérantes, toujours plus prospères. C'est la forteresse de l'erreur, du mal, du péché, attaquée partout à la fois, non seulement en Amérique, en ·Angleterre, en Allemagne, en Suisse, en Hollande, en Suède, en Norwège, en Belgique, en Danemark, dans les Indes, dans l'Australie, dans le Japon même, mais dans des pays où le catholicisme a régné en maître jusqu'ici ; après notre France, c'est l'Italie, le Portugal, l'Autriche, la Hongrie, l'Espagne, les états de l'Amérique du Sud, qui voient naître et se développer dans leur sein ces associations qui ne veulent reconnaître d'autre maître que Jésus-Christ et n'avoir d'autre but que le salut de la Jeunesse, par Lui.

Par leurs moyens d'action et leur activité,

les Unions chrétiennes sont devenues une puissance avec laquelle il faut désormais compter, puissance qui s'est affirmée d'une manière éclatante dans ces grandes assises internationales de Bâle. De toutes les parties du monde, près de deux mille chrétiens de toute langue, de toute nation, sont venus — représentants d'une armée de près d'un demi-million d'hommes — déclarer bien haut dans une communion parfaite leur foi au même Sauveur, leur amour pour le même Roi, puissant et glorieux. C'est Lui qui est la source de toute force, de toute prospérité pour les Unions chrétiennes. Que Celui « par qui sont et pour qui sont toutes choses » me permette maintenant de dégager de cet exposé l'encouragement qu'il est possible d'en tirer pour nous.

Dans notre France, pays catholique, les difficultés seront assurément plus grandes et plus nombreuses, et la lutte sera plus longue ; on doit se demander aussi si les méthodes qui ont si bien réussi dans des milieux presque entièrement protestants, donneraient chez nous le même résultat. C'est une question à étudier d'une manière très complète, et je n'ai pas le temps de le faire ici : à nous de rechercher les méthodes appropriées à la situation et à notre tempérament national. L'expérience est à peine faite sur une toute petite partie de notre Jeunesse protestante, la grande majorité de la Jeunesse française est encore complètement en dehors de notre influence. La tâche est grande et hérissée de difficultés, sans doute ; est-ce une raison de l'abandonner ou de ne pas l'entreprendre ? Non certes ! Notre Sauveur est pour tous le même, et son amour pour tous le même aussi. Notre Jeunesse française peut et doit être sauvée comme les autres. Ce que le Seigneur a fait ailleurs, Il *veut* le faire au milieu de nous et par nous. Il règne, et Il n'attend pour agir qu'une chose, c'est que « les 7.000 qui n'ont point fléchi les genoux devant Baal », que ceux d'entre nous qui se disent ses enfants se mettent résolument à l'œuvre et se lèvent courageusement pour la lutte sainte à laquelle les appelle Celui qui les a tant aimés. Notre Seigneur vit, et Il règne — et c'est une réalité — voilà le secret de toutes les victoires. Il vit, et Il règne ! plus de découragements, plus de faiblesses, plus de chutes : nous sommes transformés et vainqueurs, plus que vainqueurs, par Celui qui, avant nous, a vaincu le monde. Prenons donc courage : si nous sommes faibles, Notre Seigneur veut accomplir et manifester sa puissance dans notre faiblesse, et faire de nos Unions des instruments bénis pour le salut de notre Jeunesse et l'avancement de son règne au sein de notre chère Patrie.

Abordons maintenant la deuxième partie de notre sujet : *Quelles leçons ces conférences peuvent-elles nous donner ?*

Les dangers que courent nos Unions sont de plusieurs ordres ; ils pourraient, si nous n'y prenions garde, leur faire manquer leur but. Voici les principaux :

1° *Laisser tout faire dans l'Union par les présidents ou secrétaires.* Il est si commode, en effet, de se reposer sur celui ou sur ceux qui ont pris sur eux toute la responsabilité et la plus grande partie de la tâche ; mais, qu'ils viennent à manquer, et l'Union disparaît avec eux ;

2° *Oublier le but véritable :* la *conversion,* et mettre tout autre chose à la place. Nous devons rester des Unions chrétiennes de Jeunes Gens unis pour Christ : notre œuvre est sans doute sociale et philanthropique ; mais, en vertu de son principe, c'est le salut du jeune homme qui importe le plus. Le reste, quoique légitime, est secondaire et doit être subordonné à ce résultat, ou, mieux, concourir à le produire ;

3° *Négliger l'étude de la Bible* qui, seule, peut être dans nos mains l'épée à deux tranchants, l'enseignement parfait ;

4° *Devenir simplement un cercle d'amis* et ne pas répondre aux besoins religieux du jeune homme ;

5° Ne pas développer les Unions cadettes ; n'être en mesure de développer qu'une seule classe de Jeunes Gens ; donner trop d'action aux Jeunes Gens non chrétiens ; devenir mondains en voulant nous faire tout à tous, etc.

Le temps dont je puis disposer ne me permet pas de mettre en évidence chacun de ces dangers ; je dois me contenter de les signaler, en insistant sur ce point : nos Unions chrétiennes ont un but bien déterminé, bien précis, sauver les Jeunes Gens en les amenant à Christ ; rien ne doit le leur faire perdre de vue, rien ne doit les en détourner.

Elles doivent s'efforcer de l'atteindre par les moyens suivants : *1° par la méditation, l'étude de la Parole de Dieu ; 2° par la prière ; 3° par des conférences édifiantes et moralisantes ; 4° par des réunions d'appel ; 5° par une bibliothèque, de bons journaux ; 6° par des cours professés dans diverses branches, par des réunions familières au local, soirées, promenades en commun, etc.; 7° en associant leurs membres à des œuvres de relèvement, d'évangélisation, et surtout par une chose qui n'entre dans aucun programme, — par l'*Amour.

Arrêtons-nous un moment sur quelques-uns d'entre eux.

D'abord, la *méditation, l'étude de la Parole*

de Dieu. Si d'autres livres nous parlent de Dieu, comme le disait un théologien, dans la Bible c'est Dieu qui nous parle lui-même. C'est donc par la Bible que nous pouvons le connaître ; c'est là que nous pouvons trouver et puiser les forces journalières dont nous avons besoin pour faire sa volonté. Mais, comment étudier la Parole de Dieu ? Toute étude biblique devra se faire sous cette prédisposition, que c'est autour de la *Parole de Dieu* qu'on est réuni, que c'est comme telle qu'on l'étudie. C'est là un point très important. Sans doute, il faut tenir compte d'une critique consciencieuse et respectueuse, mais à condition toutefois que cette critique s'arrête où il faut et avoue, quand il le faut, qu'elle ne sait pas. Ces études doivent être des *études* simples, claires, pratiques, avec liberté pour tous de présenter des observations, de poser des questions, dans un esprit sérieux et sous l'influence du Saint-Esprit, qui peut seul nous aider à comprendre ce qu'Il a inspiré. Dans ces conditions, et avec de telles dispositions, la Parole de Dieu ouvrira alors, à nos yeux émerveillés, ses trésors les plus riches et les plus cachés, et fera de nous ce que nous devons être, des hommes de la Bible.

Quelque chose d'essentiel encore : la *prière*, les *réunions de prières*. Vous me permettrez d'en parler avec quelque développement. Nous sommes d'accord pour reconnaître l'absolue nécessité de la prière dans la vie du chrétien ; elle nous est nécessaire comme l'air que nous respirons, et nous ne pourrions la supprimer sans en mourir spirituellement. Mais, les réunions de prières, c'est autre chose ; elles rencontrent, je le sais, chez quelques chrétiens des objections que je ne crois pas fondées.

Quelques mots sur leur à-propos, sur leur nécessité, sur les conditions à observer, sur leur préparation et leur arrangement, ainsi que sur les bénédictions qui en sont la conséquence :

L'à-propos des réunions de prières ? Peut-être quelques-uns s'étonneront de le voir mettre en question ici. Pourtant, qui de nous n'a ouï dire qu'elles ne sont qu'affaire de forme, chose factice. Cette objection doit être écartée : s'il est vrai que la prière en secret est la prière sous sa plus belle forme, et que Jésus a souvent prié seul. Il a prié aussi en compagnie d'autres personnes, avec deux ou trois comme avec tous ses disciples réunis. Du reste, la Parole de Dieu nous montre fréquemment les premiers chrétiens en prière. Menacés par un danger, ils priaient. Dans toutes les décisions importantes, les chrétiens des temps apostoliques et des siècles suivants s'assemblaient pour prier en commun. Nos réunions de prières sont donc fondées sur l'exemple du Seigneur Jésus et sur la Parole de Dieu.

Nous avons besoin de nos réunions de prières en commun, et chacun des membres de nos Unions en a besoin. Nous avons besoin des intercessions communes, si nous voulons que notre vie spirituelle se développe, s'élève au-dessus de nos petitesses, si nous voulons que nos vagues aspirations vers le bien prennent leur essor et se précisent. Ces réunions sont le fondement le plus solide de toute activité chrétienne. Mais il est des conditions à remplir pour cela : c'est d'être convaincus de notre faiblesse naturelle, de notre manque de sagesse ; c'est d'avoir dans ces réunions quelques hommes de prière, priant véritablement par l'Esprit.

Ces réunions doivent être préparées, afin de ne pas devenir affaire de forme ; chacun doit y venir avec le sentiment bien net de ses besoins et des grâces reçues. Il faut demander et remercier avec foi, attendre avec confiance.

Il faut que ces réunions de prières soient régulières, que l'on s'y sente libre, que les prières soient spontanées, qu'elles soient véritablement des prières, et non point en forme de discours d'évangélisation. Dans ces conditions, des bénédictions nombreuses accompagneront ces réunions : nous avons dans la Parole de Dieu tant de claires et magnifiques promesses concernant les bénédictions attachées à la prière ! Les effets ne se feront pas attendre, il y aura plus de consécration, plus de vie pour les membres actifs, d'où un moyen puissant d'amener leurs frères au Sauveur. Mais, il y aura aussi un bien plus grand *amour* pour nos frères.

Je crois qu'en théorie tous les Jeunes Gens chrétiens aiment leurs frères ; dans la pratique, sont-ils toujours aimables, prévenants, comme il conviendrait ? Leur montrent-ils, leur témoignent-ils assez d'affection ? L'esprit du mal se rit de nos bâtiments, de nos avantages, de nos méthodes, si cela n'est pas accompagné, rempli de cœurs brûlant d'amour et décidés pour le salut des âmes. La *curè d'âme*, l'œuvre personnelle, voilà le complément indispensable de la prière persévérante, et la condition absolument nécessaire pour que nos Associations atteignent le but qu'elles se proposent.

Encore quelques mots, mes chers amis, et j'aurai fini. Comment et par quels moyens les Unions chrétiennes atteindront-elles un plus grand nombre de Jeunes Gens ? Comment, en un mot, seront-elles vraiment missionnaires ? Pour agir efficacement à l'extérieur, il leur faut être fortes intérieurement, de la force du Saint-Esprit : c'est une condition *sine qua non*. Il leur faut encore être fidèles dans la foi et dans la vie. La direction du Saint-Esprit dans les méthodes, les fruits de l'Esprit dans la vie personnelle de chacun de leurs membres, voilà ce qui leur permettra d'attirer à elles un nombre toujours plus grand de Jeunes Gens.

Mais, dira-t-on, quelle méthode employer pour atteindre le but ? Y a-t-il des règles uniformes à suivre dans tous les cas ? Je ne le pense pas. Il faut tenir compte pour se déterminer quant aux moyens, des relations sociales, de la position, de l'éducation des Jeunes Gens à atteindre. Les moyens à employer dans tel milieu ne valent rien dans tel autre ; les voies à suivre lorsqu'il s'agit d'étudiants ou de jeunes commerçants sont fermées lorsqu'il s'agit de jeunes ouvriers, d'artisans ou de paysans. C'est ainsi qu'en Amérique il a été créé des Unions d'employés de chemins de fer, des Unions d'étudiants, des Unions de couleur pour atteindre les Indiens et les Nègres. En Allemagne et en Hollande, on a donné une grande extension aux salles pour militaires.

Ce serait folie pour nos petites Unions que de vouloir, en toutes choses, faire exactement ce qu'ont fait leurs aînées d'Angleterre, d'Allemagne ou d'Amérique ; mais ce qu'elles peuvent et doivent faire, c'est de s'enquérir très soigneusement, d'abord du milieu où elles veulent agir, du terrain qu'elles veulent défricher et ensemencer, des besoins qu'elles veulent satisfaire, comme aussi des ennemis qu'elles auront à combattre, afin de ne pas travailler en vain.

L'Amour sera un facteur puissant dans l'œuvre missionnaire comme dans l'œuvre intérieure. Il émeut les cœurs les plus durs, il ouvre les plus fermés, il désarme les oppositions les plus vives, il brise les préventions les plus fortes, comme il sait chercher et imaginer tout ce qui peut être bon et utile aux autres. A cet Amour, tous les Jeunes Gens ont droit : les perdus, les égarés, les étrangers, les pauvres, les déshérités, les malades. A tous, nous devons notre sympathie, notre affection. Les occasions naîtront sous nos pas lorsque nous voudrons travailler ainsi, sérieusement, avec amour.

Dieu nous donne de prier beaucoup, d'aimer beaucoup, dans une activité humble et joyeuse : ce sont là des voies et des moyens par lesquels on a partout recueilli, et nous recueillerons nous aussi après tant d'autres, des fruits abondants et des bénédictions nombreuses et magnifiques, pour la gloire de Celui qui peut faire par sa puissance infiniment au-delà de ce que nous pouvons lui demander ou penser, pour la gloire de Jésus-Christ, notre Sauveur et notre Maître. Amen.

Rapport de MM. Vallon et Raspail

De l'activité personnelle des membres en dehors de l'Union chrétienne

CHERS AMIS,

Cette question fut mise à l'étude, sur la proposition de M. Dedie, au moment de notre conférence, à Dieulefit, en 1898. M. Dedie estimait que « l'activité personnelle des membres en dehors de l'Union » pourrait et devrait être plus grande qu'elle n'est. « Peut-être, disait-il, que les indications contenues dans un rapport sur les manifestations de cette activité, appuyées des conseils et directions du rapporteur, contribueraient à développer notre activité à tous ».

M. Dedie aurait pu formuler en ces mots ce sujet d'étude : « Membre d'Union chrétienne, montre-moi ta foi par tes œuvres extérieures ».

La foi manifestée par la vie, est une vérité

chrétienne que l'Evangile nous présente sous
les aspects les plus divers, sous les formes les
plus variées : Etre la bonne odeur de Christ ;
— porter les fardeaux les uns des autres ; —
se prévenir par honneur ; — s'aimer les uns
les autres. Voilà quelques formules, il en est
bien d'autres.

La foi sans les œuvres est morte, la foi agis-
sante est donc la seule vraie.

L'activité extérieure, véritable norme de la
foi, doit s'imposer à tout croyant. Si nous ne
faisons pas la volonté du Père céleste, il ne
nous sert de rien de crier : « Seigneur ! Seigneur ! » Cette volonté, nous le savons bien,
est de suivre Jésus dans la voie où il a marché
lui-même, dans la voie du renoncement et du
dévouement.

Ces vérités s'adressent à tous, et plus particulièrement encore à nous, Unionistes. Quelle
sera donc notre conduite ?

Quand nous sommes entré à l'Union chrétienne, notre foi était peut-être chancelante.
Quel bonheur si, reçu avec bonté, entouré de
sympathie, aimé de cet amour désintéressé et
vrai que ne connaît pas le monde, de cet amour
puisant sa source en Christ, notre cœur lan-
guissant a été réchauffé, et si notre faible foi
s'est fortifiée et a grandi ! Quel bonheur si,
dans le sein de l'Union, nous avons éprouvé les

bienfaits de la communion fraternelle, jusqu'au point de dire : « qu'il fait bon ici, dressons-y notre tente ».

Cependant, prenons garde de ne point jouir en égoïstes de ce bonheur, de ce contentement d'esprit. Il en serait sûrement ainsi si nous nous enfermions dans la tour d'ivoire de notre salut, imaginant que c'est assez d'avoir reçu un grand bien, sans songer à nous donner à notre tour, sans nous préoccuper autrement de notre prochain.

Ne l'oublions pas : nous ne sommes que participant de ce salut. Il a été préparé pour être présenté à tout le peuple. Comment rester alors indifférent au bonheur ou au malheur des hommes, des autres Jeunes Gens, nos frères !

Ce salut est un principe d'énergie morale pour agir sur nous-même et autour de nous. — Notre tâche active, extérieure, de témoignage et de service, doit commencer au moment précis de notre régénération par la foi, se poursuivre dans l'humilité et durer aussi longtemps que le Seigneur voudra nous permettre d'être ses témoins sur la terre.

Tout homme, mon frère, peut être témoin de Christ, tout homme peut servir le Maître selon les dons qu'il a reçus. Personne n'est trop faible, personne n'est trop petit. — S'il importe de ne point forcer notre talent, en recherchant et en poursuivant la tâche que Dieu veut nous confier, soyons du moins persuadés de cette vérité essentielle, que nous avons tous quelque chose à faire, une œuvre à accomplir, œuvre que notre reconnaissance pour le Seigneur nous fait un devoir d'embrasser allègrement, avec joie.

Oui, une tâche te revient, jeune homme ! Son accomplissement ne sera pas la cause de ton salut ; il doit en être la conséquence. — Travailler pour Dieu, ce sera pour toi-même une source de bénédictions personnelles, si tu le fais avec soumission, bonne volonté et courage, si tu es pénétré de l'idée que tu es ouvrier avec Dieu, que Christ est à côté de toi — que dis-je, en toi — pour t'assister à tout instant par son esprit d'amour et de sacrifice, pour te défendre de son bras puissant au moment du danger.

Quels obstacles pourrais-tu redouter ? Serait-ce la raillerie ou l'ingratitude des hommes ? Craindrais-tu pour ta position sociale actuelle ou future ? L'expérience démontre que le chrétien *sincère et fidèle* est plus que vainqueur, par Christ qui le fortifie et le fait sortir de toutes les difficultés.

Nous nous sommes étendus un peu longuement sur la nécessité, sur l'obligation de l'activité personnelle pour le chrétien, il nous reste à montrer quelques aspects de cette activité pour l'Unioniste.

Cette activité personelle peut s'exercer de plusieurs manières, dans plusieurs milieux : *dans la Famille, parmi la Jeunesse, dans l'Eglise et dans les œuvres générales.*

I. — *Dans la Famille,* tout jeune chrétien a une mission à remplir. Pour si pauvre en moyens ou en talents qu'il soit, il lui suffit, pour agir favorablement sur les siens, d'être fidèle. Etre, simplement, fils obéissant, affectueux, véridique, consciencieux dans l'accomplissement du travail journalier, empressé auprès de son père et de sa mère, est le témoignage que tout Unioniste pieux peut rendre dans la famille. Cette attitude dans les moindres actes de la vie aura les plus grands résultats. S'il arrivait qu'un tel fils eût des parents hostiles ou indifférents, leur cœur, si endurci soit-il, se laisserait toucher par la piété et les prières de l'enfant.

Quel privilège, quelle joie, quelle récompense pour un fils, d'être le moyen dont le Seigneur se sert pour sauver les siens !

Son action dans la famille est plus vaste encore. L'Unioniste a peut-être des frères, des sœurs ; il y a peut-être des serviteurs à la maison. Qu'il exerce sur tous l'influence bénie de l'exemple, sans aucun esprit de recherche, d'une façon naturelle. Que, sans affectation, il prévienne, redresse ou dirige chacun avec bonté. Que, se faisant tout à tous, il ait l'entrain, la gaîté de la jeunesse, afin qu'on recherche sa société dans tous les jeux et les distractions permis.

Avec ces dispositions, et la bonne humeur qu'elles supposent, l'Unioniste, le grand frère, gagnera l'entière confiance de ses cadets, il pourra diriger leur travail, leurs lectures ; il aura sur eux de l'ascendant. Il en profitera pour faire pénétrer dans ces jeunes esprits et dans ces jeunes cœurs la piété sincère.

La lecture de quelques versets de la parole de Dieu, suivie d'un bref commentaire et de courtes prières seront, avec l'exemple, le levain faisant lever la pâte.

La tâche dans la famille est donc double : tour à tour témoignage et enseignement. Le témoignage au moins est à la portée de tous ; c'est donc pour tous une obligation de le rendre, si nous sommes fidèles.

II. — *Parmi la Jeunesse*, auprès des Jeunes Gens qu'il voit chaque jour, qu'il coudoie dans la vie, à l'atelier, au bureau, à la ville ou aux champs. C'est ici que la tâche de l'Unioniste est plus particulièrement délicate et difficile.

Quels ennemis, quels obstacles va-t-il rencontrer sur sa route ? Ils ont nom : l'indifférence spirituelle, l'amour de l'indépendance, naissant de la soif des jouissances égoïstes, des passions naissantes, et enfin les préoccupations utilitaires de la vie présente.

Les conditions nécessaires pour exercer parmi les Jeunes Gens une action salutaire, c'est de rester éloigné de toute curiosité ou contact malsains ; c'est d'élever l'homme intérieur et de tenir en bride l'homme charnel avec ses convoitises ; c'est d'avoir pour règle le respect de l'ordre divin et humain ; c'est d'être ainsi, sans ostentation comme sans faiblesse ; sans en rougir dans telle occasion, ou s'en enorgueillir dans telle autre ; c'est en un mot, d'être un caractère.

Ce n'est pas encore suffisant, il faut que ce rigorisme apparent soit tempéré par un enjouement de bon aloi, par un fonds de gaîté, par une charité et un amour à toute épreuve.

Joignez à tout cela l'application et le soin dans le travail, une exactitude scrupuleuse en toutes choses, et la conduite d'un tel jeune homme sera une prédication éloquente pour ses camarades. Du reste, nombreuses seront les occasions dans lesquelles il pourra déployer, avec tact, son activité chrétienne. Il exercera envers tous son inépuisable fonds de dévouement. Il pressera les Jeunes Gens d'entrer tel jour à l'U. C., tel autre jour à l'église. Il incitera chacun à chercher Dieu, par l'ardeur désintéressée de sa piété.

Au service militaire, il sera parmi les meilleurs soldats, parmi ceux qui imposent le respect en se respectant eux-mêmes. Combien dans cette situation, son attitude simple, mais vraie, lui conciliera les cœurs ! Qui peut dire l'influence qu'il aura sur ses camarades. S'il est vrai qu'un fruit gâté peut corrompre tous les fruits qui sont en contact avec lui, de même, on peut dire que le soldat chrétien sera, suivant l'expression de l'Evangile, « le sel de la terre ».

Plus tard, ce même jeune homme sera le fiancé sérieux et sûr, le mari fidèle et dévoué, digne en tous points de diriger une famille, et de donner à ses enfants, par l'exemple et par la parole, une éducation saine et forte.

L'action bienfaisante du jeune homme sur ses camarades peut être considérable. Elle dépend de sa fidélité et des dons reçus ; jamais elle ne doit être nulle pour quiconque lutte avec le Seigneur.

III. — Le jeune chrétien doit aussi travailler *dans l'Eglise* et contribuer à sa prospérité, à son développement. Suivant l'ordre du Maître qui dit: « Instruis le jeune enfant dès l'entrée de sa voie », c'est ton devoir, Unioniste, d'être moniteur à l'école du dimanche, pour jeter dans la jeune âme les fondements solides d'une instruction religieuse, que tu devras développer plus tard, lorsque l'adolescent demandera à entrer dans l'Eglise. Ton influence sera grande sur les jeunes cœurs qui te seront confiés, lors que, simplement, tu leur expliqueras l'amour de Dieu en Jésus-Christ ?

Ton travail ne sera pas vain, crois-le bien, non seulement pour l'Eglise, mais aussi pour l'Union chrétienne. Tes services mêmes n'attesteront-ils pas en effet, de plus en plus, la nécessité de cette institution pour la Jeunesse ?

Si dans les faubourgs de la ville, ou dans les hameaux éloignés de la campagne, le pasteur ou l'évangéliste tiennent des réunions, tu devras y assister pour prêter, s'il y a lieu, le faible concours de ta parole, et, si cela n'est pas dans tes moyens, pour aider soit en lisant la Parole de Dieu, soit en prêchant d'exemple par ton attitude recueillie, par ton entrain à chanter les cantiques.

L'œuvre des Missions, à l'extérieur comme à l'intérieur, doit aussi faire l'objet des pensées du jeune chrétien et prendre une part de son activité.

Est-il nécessaire d'ajouter qu'il faut que l'Unioniste soit un auxiliaire dévoué des œuvres d'assistance, qu'il doit son concours aux ventes de charité, à la visite des malades et des pauvres, se souvenant des paroles de Jean-Baptiste au peuple qui lui demandait : « Que ferons-nous donc ? » — « Que celui qui a deux habits, répondit-il, en donne un à celui qui n'en a point, et que celui qui a de quoi manger en fasse de même. »

IV. — En dehors de l'Eglise, *dans les œuvres générales*, il est d'autres champs d'activité auxquels l'Unioniste ne doit pas rester étranger. Combien d'œuvres philanthropiques et sociales où il pourra prêter son aide.

On organise des ligues contre l'alcoolisme, ce fléau national qui est un si grand danger pour la France ; contre l'immoralité publique ou privée, chaque jour grandissante ; contre la licence des rues ; contre la mauvaise presse qui déverse sur le monde un venin ou subtil ou grossier, toujours corrupteur. L'Unioniste doit en faire partie, il doit être dans ces postes de combat, il doit lutter contre tous ces ennemis de la société, qui abaissent ou même détruisent l'homme physiquement, moralement, intellectuellement. Toutes les violations de la loi morale doivent le trouver debout. Il doit être là pour contribuer, dans la mesure de ses forces, à élever une digue contre le flot envahissant de la corruption des mœurs.

Nous terminerons en concluant ainsi : L'U. C. de Jeunes Gens, envisagée comme collectivité,

a une œuvre intérieure et extérieure à faire.
Cette œuvre s'accomplira d'autant mieux que
chacun des jeunes chrétiens qui la composent
s'acquittera plus fidèlement de sa tâche personnelle, partout, dans toutes les circonstances,
dans tous les milieux, faisant valoir le Maître
qui l'a tiré de la fosse, qui l'a sauvé, et au service duquel il doit se mettre tout entier, par
reconnaissance et amour.

La réunion publique se termine par une fer-
vente prière de M. le pasteur Causse.

La conférence, avant de se dissoudre, a dési-
gné l'Union de Bourdeaux pour y tenir sa pro-
chaine session en 1900.

La réunion d'appels qui devait avoir lieu
dans la soirée a dû faire place à une conférence

de M. Bertrand sur l'évangélisation de la Cor-
rèze.

Nos Unionistes n'ont pas voulu se séparer
sans conserver de cette journée bénie un souve
nir visible. Ils se sont groupés autour de M. le
pasteur Causse devant l'objectif d'un Unioniste
photographe amateur. Chacun d'eux aura ainsi
par devers lui le double témoignage des salu-
taires impressions reçues et conservées dans
son cœur, et de la vue de ceux qui y ont parti-
cipé avec lui.

Dieu soit loué!

L'« *Espérance* », organe officiel des Unions chrétiennes de
Jeunes Gens de France. — Abonnement : 2 fr. — *Rue de
Trévise, 14, Paris.*

Le « *Cévenol* », organe officieux des Unions chrétiennes du
Groupe de la Drôme-Ardèche. — Abonnement : 1 fr. —
M. le pasteur Davaine, Privas (Ardèche).